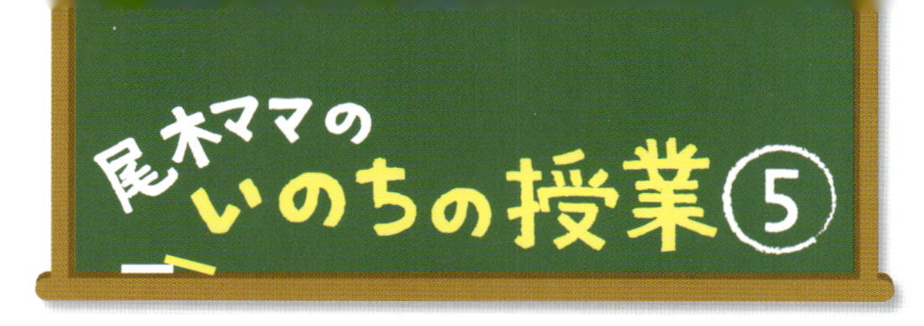

いのちを考える ブックガイド

監修　尾木直樹

ポプラ社

この本を読んでくれるあなたへ

尾木直樹

５巻は「いのちを考えるブックガイド」です。

「いのちってなぁ〜に？」。考えれば考えるほどむずかしいですよね。そんなとき、ヒントをくれそうな本を、この巻ではたくさん紹介してもらいましたよ。１〜４巻のテーマごとに、章別に紹介されているので、自分が興味のあるテーマから選んでみるのもいいかもね。

たとえば１章は、「自分のいのちを育てよう」。自分のイヤなところばかり考えてしまったり、人とくらべて自信をなくしているあなたに、読んでもらいたい本がたくさんありますよ。

２章は「友だちのいのちと自分のいのち」。友だちとのつながりの中でとらえると、意外やくっきり浮きぼりになってくる、いのち。友だちを大切にする方法を教えてくれる本を集めてあります。

３章では、「みとめあういのち」がテーマ。性や国籍、障がいの有無、年齢……世界にはさまざまな人がいます。みんな個性的でちがうけど、いっぽうではじつはおんなじなんだと気づけるいろんな場面について、間接的に体験、想像できる本を紹介しています。勉強する意味、学びの「本当の力」などについても教えてくれますよ。

最後の４章は「いのちってなんだろう」。「生きるって、死ぬってどういうこと？」という難題にせまります。

２章と３章の間には、尾木ママのおすすめ本特集もありますよ。たくさんの本に導かれて、しっかりいのちを考えてほしいと期待します。

もくじ

この本を読んでくれるあなたへ …… 2
❶ 自分のいのちを育てよう …… 4
❷ 友だちのいのちと自分のいのち …… 14
尾木ママのおすすめの７冊 …… 24
❸ みとめあういのち …… 26
❹ いのちってなんだろう …… 36
この本を読んでくれたあなたへ …… 46
この本で紹介した本 …… 47

この本は、みなさんが「いのち」について考えるときに、参考になる本を紹介する、ブックガイドです。

本は、この『尾木ママのいのちの授業』シリーズの１巻から４巻までのそれぞれのテーマにそって集めました。

いろいろな種類の本があります。いのちをテーマにした物語もあるし、本当にあったお話もあるし、絵本やコミックもあります。「こうしてみよう！」と行動の仕方を提案してくれる本、いのちを考えるためのゲームを紹介する本もあります。

ひとりでじっくり読んで考えを深めてもいいし、友だちや家族と読んで話し合ってもいいし、クラスのみんなで読んで、取り組んでみてもいいですね。

いのちについての本は、ほかにもまだまだたくさんあります。本を通して、いのちと向き合い、その大切さを知ってもらえればと思います。

24～25ページで、
尾木ママおすすめの本を
紹介していますよ。
どれもとってもいい本です。
ぜひ読んでみてね！

いのちを考えるブックガイド・1

自分のいのちを育てよう

どうしたら自分を好きになれるの？　自分を大切にするってどういうこと？
自分を見つめるって、結構むずかしい。ここでは、そんなときに参考になる本を紹介します。

『自分を好きになる本』

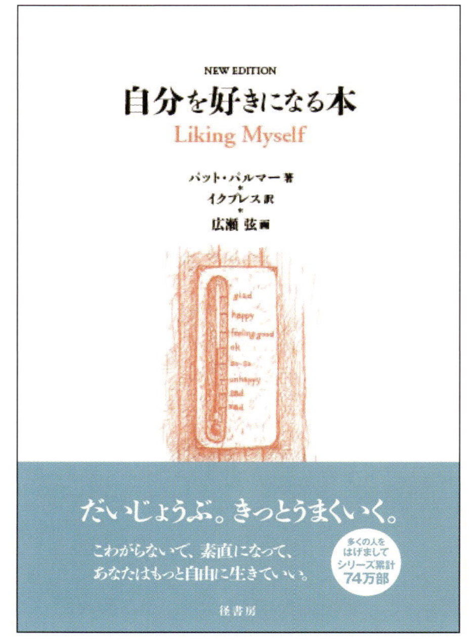

パット・パルマー（著）
イクプレス（訳）
広瀬弦（絵）
径書房

**この本は楽しい本です。
自分を好きになるためのヒントが、
いっぱいつまっています。**

この本は、相手を傷つけずに、自分の気持ちや考えを伝えるための訓練から生まれました。

意見のちがいや、気持ちが通じ合わないことなどから、さまざまな問題が起きます。それは、小学校のクラスでも、大人の社会の中でも、同じなのです。

この本は、こうした問題はありのままの相手とありのままの自分をみとめることで、解決(かいけつ)できるという考え方にもとづいて書かれています。そして、そのために、まず自分が自分をみとめ、好(す)きになることの練習をしようと提案(ていあん)しています。

そして、自分を好(す)きになるための練習として、たくさんの問題やゲームが用意されています。たとえば、こんなゲームがあります。

おたがいに相手の足をふんづける。
ふんづけたとき、
どんな〈きもち〉がしたか話しあおう。

これは、自分の気持ちを話すゲーム。腹(はら)の立つことや悲しいことを、素直(すなお)に話せるようになるための練習です。足をふんだ立場、ふまれた立場に立って、話し合います。本当の自分の気持ちだったら言いにくいな、ということも、ゲームなら安心。思い切って言えそうでしょう？

これらのゲームや練習問題に、模範解答(もはんかいとう)や正解(せいかい)はついていませんが、心がけておくと良(よ)いことなどのアドバイスが書かれています。

自分の〈きもち〉を話すということは、
相手を責(せ)めることや、
傷(きず)つけることとは違(ちが)うんだよ。

自分の気持ちを大切にして、じょうずに伝(つた)えることで、あなたが自分を大切に思い、自分を好(す)きになれるように、書かれた本です。

あなたが幸せな気分でいれば、もっと大きな幸せがやってくる。ステキなことを考えていれば、人生はもっともっとステキになる。

あなたが自分を大切にして、自分のいい友だちでいれば、みんながあなたを大切にしてくれる。みんながあなたのステキな友だちになる。

あなたが自分を好きになれば、みんながあなたを好きになる。あなたが自分を大切にしていれば、みんなも、自分を大切にしようって思うかもしれない。

そのままのあなたがいい。だれかのまねをすることなんてない。

だれかと同じように笑(わら)ったり、話をしたりしなくたっていい。みんなと同じような格好(かっこう)をしなくたっていい。

あなたはあなた、それでいい。

自分を好きになる本 Liking Myself
64

第４章 そのままでいいよ
65

本文より

自分だけの輝(かがや)きを見つけられるよ

『考える練習をしよう』

マリリン・バーンズ（著）
マーサ・ウェストン（絵）
左京久代（訳）
晶文社

だれにだって、頭をなやますような
問題が、きっと1つはある。
この本は、そんなきみのために書かれている。

これは、頭の体そうの本です。頭がこんがらがってうまく考えられない、何もいいアイディアが浮かばない、そんなときに役に立ちます。

いろいろな質問が出てきます。たとえば、

自分のことならよく知ってるって
ホント？

腕組みをするときはどっちの腕を上に組むか。くつしたをはくときはどっちの足からはくか。丸めたつつをのぞくときはどっちの目でのぞくか。そんなこと、意識したことがないからわからないという人も多いのでは？

あ、知らないことがあった！　と、はっとしたときに、今までとはまったくちがった、新しい発想が生まれてきます。自分では知らなかった自分を発見することもできるかもしれませんね。

考えるのがいやに
なっちゃったきみに

『みんなとちがっていいんだよ』

ミュージシャンとして活躍する、ROLLY さんのエッセイです。

女の子の服を着るのが好き、運動はきらい、ちょっとぽっちゃり。そんな小学生だった ROLLY さんは、いじめられっ子でした。つらくてくじけそうになる ROLLY さん。何年も土の中で過ごし、ついに羽を広げて成虫になるセミの姿に、自分を重ね合わせて、いじめに耐えました。

やがて、ROLLY さんは音楽に夢中になり、学校の体育館ではじめてのコンサートを開きました。そして、人前で演奏することのとりこになります。

今までシャイで地味で小心者だった
寺西一雄くんが、自分を表現する歓びを
知ってしまったんだ。

大好きな音楽に打ちこむことで、自分が自分であることに自信がもてるようになった ROLLY さんからの、いつかかならず、自分らしく羽ばたける日が来るという、力強いはげましの本です。

夢中になれるって
ステキだ

ROLLY（著）
PHP 研究所

『ええところ』

くすのきしげのり（作）
ふるしょうようこ（絵）
学研（がっけん）

あいちゃんにはなやみがあります。

わたし、このごろ　おもうねん。
わたしには　「ええところ」なんか
ひとつもないって。

そんなあいちゃんに、お友だちのともちゃんは、あいちゃんの「ええところ」は、手があたたかいところだと教えてくれます。

うれしくなって、みんなの冷（つめ）たい手をあたためてあげていたら、あいちゃんの手は冷（つめ）たくなってしまいました。

せっかくの「ええところ」がなくなって、がっかりするあいちゃんに、ともちゃんは、もっと「ええところ」を教えてくれます。

自分にも「ええところ」があると知る喜（よろこ）びや、だれかの「ええところ」を見つけてあげることのすばらしさなど、「ええところ」のやさしい連鎖（れんさ）に心があたたまる絵本です。

自分のいいところ、
あんがい知らないよね

絵本なんて小さな子のもの、と
思うかもしれないけれど、シンプルで
おくが深～いものなんですよ。
ぜひ読んでみて！

『ぼくを探しに』

この絵本の主人公は、少し欠けた「まる」。

何かが足りない。

それでぼくは楽しくない。

そこで、まるは自分のかけらを探す旅へと、転がり出しました。

少し欠けていてじょうずに転がれないせいで、まるの旅は、なかなか進みません。でもまるは、自分のかけらに出会うのを楽しみにして、旅を続けます。

そして、ついに、探していた自分にぴったりのかけらが見つかります。完全なまんまるになって喜ぶまる。さっそく、旅の続きへと転がりはじめます。でも、まるはやっぱり楽しくありません。どうしてだろう……。

自分らしさとは何か。自分にとって大切なものは何か。自分は何のために生きていくのか。この絵本に、こたえは書かれていません。自分について、自分なりに考えるきっかけをあたえてくれる絵本です。

「足りない」と
思ってる気持ち、
ほんとはなあに？

シェル・シルヴァスタイン（作）
倉橋由美子（訳）
講談社

『フレデリック』

きみにしか
できないことが
あるはず

レオ・レオニ（作）
谷川俊太郎（訳）
好学社

　フレデリックは、変わり者。仲間のネズミたちが、冬にそなえてえさを集めているのに、自分はちがうものを集めていると言って、働きません。

　長い冬の間に、ネズミたちの集めたえさはなくなってしまいますが、そのとき、仲間を元気づけたのは、フレデリックが集めていたものでした。

「きみたちに　おひさまを　あげよう。」

　それぞれに、ちがった役割があることのすばらしさがえがかれています。

『じぶんだけの いろ』

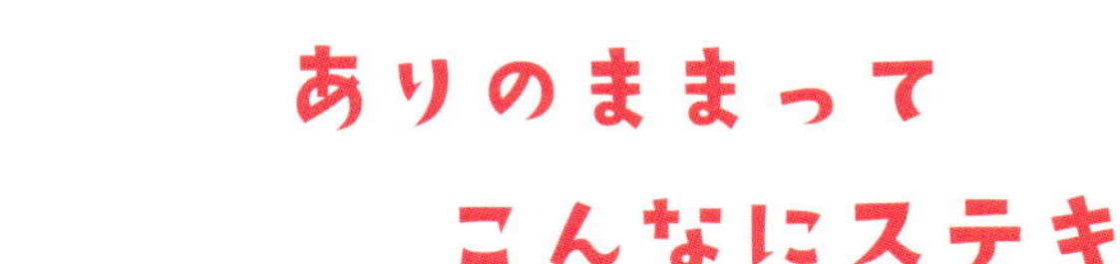

　まわりの色につられてしまって、自分の色をもてないことをなやむカメレオン。そんなカメレオンに、せんぱいのカメレオンが寄りそってくれます。

「いく　さきざきで　やっぱり
いろは　かわるだろう、だけど
きみと　ぼくは　いつも　おんなじ。」

　せんぱいカメレオンは、個性や特別なところがなくても、ありのままのきみでいいんだよ、と語りかけるのです。

レオ・レオニ（作）
谷川俊太郎（訳）
好学社

『てん』

なんにも
できない人なんて
いないね

お絵かきなんてキライ。したくない。ワシテは、紙にひとつの点だけをかきました。先生は、その点をりっぱな額ぶちに入れてかざってくれます。それを見て、

「もっと　いい　てんだって
わたし　かけるわ！」

と、ワシテは次つぎにいろいろな点をかきはじめて……。

自分にはすばらしい力がある、と気づいたときの、わくわくする気持ちを味わえる絵本です。

ピーター・レイノルズ（作）
谷川俊太郎（訳）
あすなろ書房

『わたしのいちばん　あのこの１ばん』

ロージーのクラスのバイオレットは、なんでも1番が好き。ロージーは首をかしげます。

「１とうしょうの　１ばんだけを、
みんなも『いちばん』と　おもうのかなあ？」

ロージーは、自分は1番じゃなくてもいいな、と思いながら、でもやっぱりちょっとくやしくて、あるとき、バイオレットが１番になれないように、意地悪をしてしまいます。

自分はどんな自分を好きなのかを、考えるきっかけになるお話です。

「いちばん」って、
なんだろう？

アリソン・ウォルチ（作）
パトリス・バートン（絵）
薫くみこ（訳）
ポプラ社

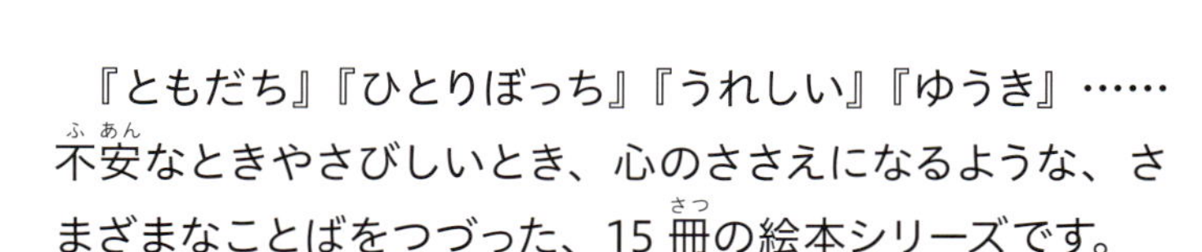

『あなたへ』シリーズ

きみはきみだから、いいんだよ

レイフ・クリスチャンソン（文）
二文字理明（訳）
岩崎書店

『ともだち』『ひとりぼっち』『うれしい』『ゆうき』……不安なときやさびしいとき、心のささえになるような、さまざまなことばをつづった、15冊の絵本シリーズです。

どんな小さなことにもすばらしい意味があることや、あなたという存在のかけがえのない価値に気づかせてくれます。

『あたまにつまった石ころが』

石ころ集めたことって、ありますか？　そんなつまらないものなんて、って思う？

このお話の主人公は、石ころのことで頭がいっぱいのお父さん。一生をかけて、こつこつと石を集め続けたお父さんの、好きなことをつらぬいたすてきな人生のお話です。

大好きなこと、ある？

キャロル・オーティス・ハースト（文）
ジェイムズ・スティーブンソン（絵）
千葉茂樹（訳）
光村教育図書

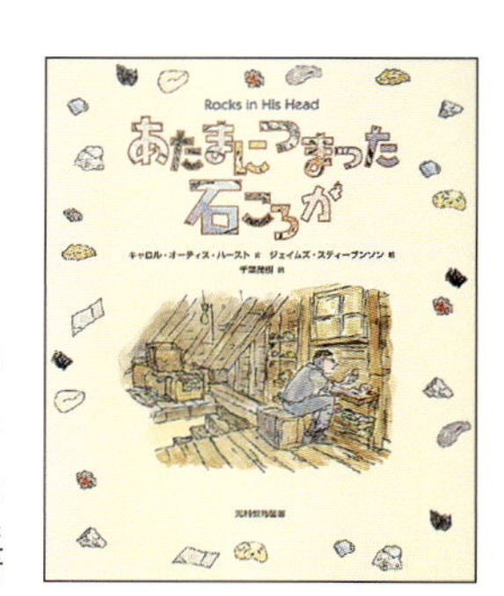

『ミカ！』

自分でいるのもらくじゃないよね

伊藤たかみ（作）
理論社

ぼくとミカは双子のきょうだい。男の子みたいなミカとぼくは仲がいいけれど、最近ミカはきげんが悪い。小学校６年生のぼくたちは、何かが変わりはじめていて、ミカはそれがイヤみたい……。

大人になっていくときの、ゆれ動く気持ちがえがかれた小説です。

『きみの友だち』

交通事故にあって、足が不自由になってしまった恵美。どうしてわたしだけ？　だれのせい!?　おこったり意地悪を言ったりする恵美は、友だちから孤立してしまいますが、由香だけは、そっと恵美のそばにいてくれて……。

きれいなところばかりではない、本当の気持ちと向き合った小説です。

自分の
いやなところ、
のぞいてみようか

重松清（著）
新潮文庫

『TUGUMI』

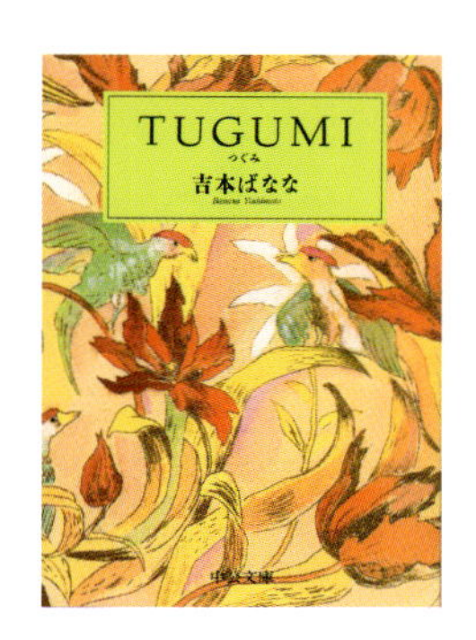

いい子じゃ
なくても、
好きでいるよ

吉本ばなな（著）
中央公論新社

病弱なつぐみは子どものころからわがままで、友だちのまりあは、つぐみにふりまわされてばかり。でも、まりあはなぜか、欠点だらけのつぐみをきらいになることができません。

すてきなところもいやなところも、まるごと受け止め合う、特別なきずなでむすばれたつぐみとまりあの、みずみずしい青春の物語です。

『つばさものがたり』

若いケーキ職人の小麦は、念願の自分のお店を開きましたが、うまくいきません。がっかりしてあきらめかける小麦でしたが、おいっ子にだけ見える天使の飛行テストの応援をするうちに、自分の夢のために、もう一度がんばる勇気がわいてきます。完ぺきではなくても、自分らしく生きることはすばらしいと、教えてくれる小説です。

自由に生きて
いいんだね

雫井脩介（著）
角川文庫

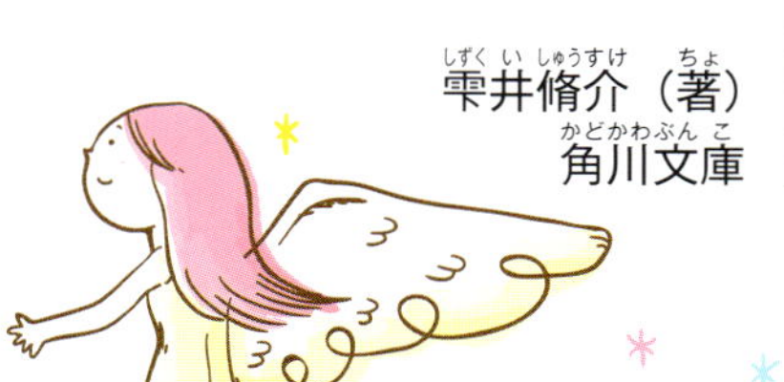

いのちを考えるブックガイド・2

友だちのいのちと自分のいのち

友だちってなんだろう？　いじめる子、いじめられる子、見ているだけの子。
みんなどんな気持ちかな？　ここでは、友だちやいじめについて
考えるきっかけになる本を集めてみました。ぜひ読んでみてください。

『さかなのなみだ』

さかなクンって知っていますか？
魚が大好きでとってもくわしいさかなクン、テレビで見て「すごい！」って思った人もいるのではないでしょうか。
これは、そんなさかなクンが、魚の世界にもあるいじめについてかいた絵本です。

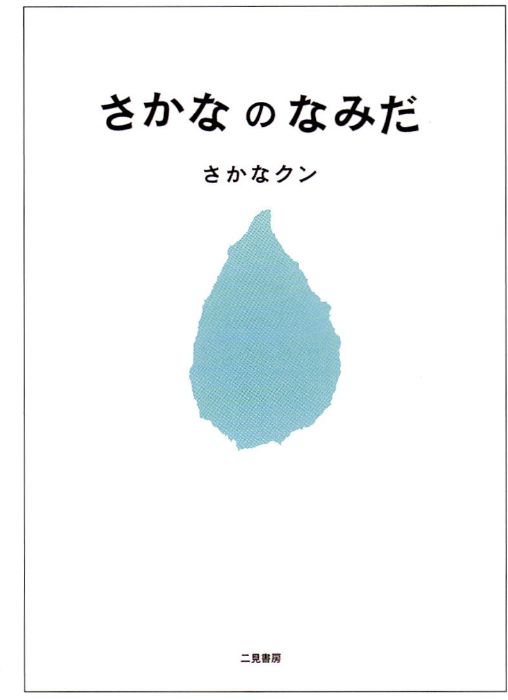

さかなクン（著）
二見書房

いじめって、
きゅうくつだから
起きるのかな

本文より

　さかなクンは、メジナという魚のふしぎな行動に気づきました。

　たくさんのメジナを水槽に入れると、メジナはその中の１匹を仲間はずれにしていじめます。いじめられたメジナをべつの水槽に移すと、残りのメジナはまたほかの１匹をいじめはじめます。いじめているメジナをべつの水槽に移しても、今度はべつの１匹がいじめっ子になってしまいます。

広い海の中なら、こんなことはないのに、
小さな世界に閉じこめると
なぜかいじめが始まるのです。

　さかなクンは、水槽というきゅうくつな環境が、メジナたちのストレスになり、そのためにいじめが起きるのかもしれない、と考えます。

　そして、同じことが、学校でも起きているのかな、と考えました。さかなクンのいた中学校でも、いじめがあったからです。

ぼくは、いじめる子たちに「なんで？」と
きけませんでした。

　魚のこと、友だちのこと、自分自身のこと。そしてさかなクンが魚の世界を通して見つけた大切なことは……。

広い空の下、広い海へ出てみましょう。

　いじめっ子も、いじめられっ子も、学校や家、今のことだけでなく、もっと広い世界や将来に目を向けてみようと、さかなクンはやさしく語りかけます。

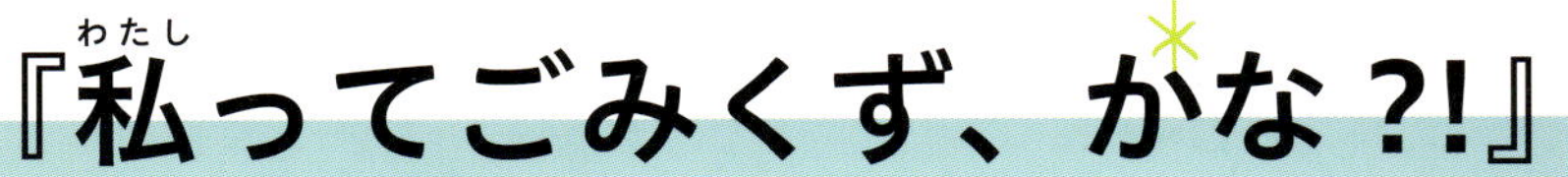

『私ってごみくず、かな?!』

自分のことを「いらない子」とか「ごみみたい」とか、ちょっとでも思ったことがありますか？

この本のルビーは、みんなからいじめられて、そんなふうに思ってしまっていました。

でも、ある日、教室で立ち上がって言います。

「私にも、とてもいいところがあることがわからなくて損をするのはあなたたちよ。私じゃないわ。」

ルビーはどうしてこんなふうに言える勇気が出てきたのでしょう？

小さな女の子が、きらいだった自分を好きになり、大きな一歩をふみ出すまでのお話です。

いらない子なんて、いないんだよ

マーゴット・サンダーランド（著）
ニッキー・アームストロング（絵）
森さち子（訳）
誠信書房

『いじめのきもち』

村山士郎（編）
小泉るみ子（画）
童心社

この本は、いじめをテーマにした詩集です。いじめられる気持ちや、やがていじめにつながっていく、不安やイライラする気持ちなどを表現した、子どもたちの詩が集められています。

まるで
心の落とし穴に
すっぽり
はまったようだった。

これは、小学校６年生の女の子、藤森美帆さんの詩の一部です。仲良しの友だちが、急に口をきいてくれなくなってしまったときの、さびしく落ちこんだ気持ちが書かれています。

ほかにも、いやなあだ名で呼ばれて腹が立つ気持ちや、お母さんから毎日同じことを言われてイライラする気持ちなどを表現した詩もあります。

この本の詩にこめられた気持ちは、たぶん、あなた自身や、あなたのクラスのだれかの気持ちと同じです。ぜひ読んでみてください。

わかってほしい、
わかってあげたい
あなたへ

『わたしのいもうと』

いじめられる気持ち、わかるかな？

松谷みよ子（文）
味戸ケイコ（絵）
偕成社

転校した学校でいじめにあった小学校４年生の妹は、学校に行けなくなり、家族とも話をしなくなります。

いじめた子どもたちはどんどん成長して、妹が閉じこもっている家の前を通り過ぎていきますが、妹は何年も家の中で、折り紙の鶴を折り続けています。

わたしを　いじめたひとたちは　もう
わたしを　わすれて　しまった　でしょうね

こんなことが起こらないために、どうしたらいいのか、読んで考えてみてください。

『しらんぷり』

クラスメイトのドンチャンが、いじめっ子たちに意地悪されています。でも、ぼくはしらんぷり。だって、止めたらぼくがいじめられるから。でも、ぼくは、ずっとイヤな気分……。

そんなぼくに、あるおじさんが言いました。

「しらんぷりいうのは、
いじめに加わることやで。」

わかってるけど、ぼくもこわいよ。どうしたらいいの？

あなただったら、どうしますか？

いじめを見たとき、どうする？

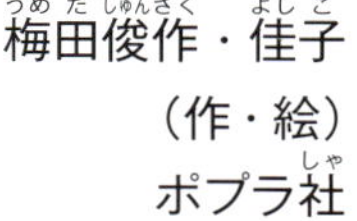

梅田俊作・佳子
（作・絵）
ポプラ社

『西の魔女が死んだ』

梨木香歩（著）
新潮文庫

生きるための心の修行

クラスで孤立して学校に行かなくなったまいは、しばらくおばあちゃんの家でくらすことになりました。超能力者の血筋だというおばあちゃんの指導で、魔女になるための修行をはじめたまい。

「魂は身体をもつことによってしか物事を体験できないし、体験によってしか、魂は成長できないんですよ。ですから、この世に生を受けるっていうのは、魂にとって願ってもないビッグチャンスというわけです。」

まいが修行を通して得たのは、生きる力です。それはどんな力？　本を読んで考えてみましょう。

コミック

『いきのびる魔法 いじめられている君へ』

もしあなたがいじめられていて、だれにも助けてもらえなかったら？　家族にも、そのつらさがわかってもらえなかったら？　そんなときに読んでほしい本。逃げていいよ、生きのびようよって書いてあります。

生きてください

西原理恵子（著）
小学館

『聲の形』（全7巻）

聴覚障がいのある転校生・硝子をいじめてしまった将也。あるきっかけで、今度は自分がいじめの標的になります。そんな将也が、数年後、硝子と再会して、必死で自分の気持ちを伝えはじめます。

いじめた傷といじめられた傷、どうやって乗りこえたらいい？　みんなの課題です。

消えない痛みもあるけれど

大今良時（著）
講談社

COMIC

『けんかのきもち』

柴田愛子（文）
伊藤秀男（絵）
ポプラ社

仲直りって、
けっこう
むずかしいよね

ぼくは、いちばんの友だちのこうたと大げんか。くやしくて、家で泣いているところに、こうたが「ごめんな」と言いにきたけれど……。

そんなこと　いうな。
けんかのきもちは　おわってない！

やっぱり涙が止まりません。仲直りなんてしたくない。

けんかの気持ちって、どうやったら終わる？仲直りってどうしたらいい？

あなたもけんかしたときのこと、思い出しながら読んでみてください。

『アレクサンダとぜんまいねずみ』

ずっといっしょに
いたいから

ねずみのアレクサンダは、ねずみのおもちゃ・ウィリーと友だちになります。人間にかわいがられるウィリーがうらやましいアレクサンダは、ふしぎなトカゲに会い、願いをかなえてくれるというむらさきの石を探して、ウィリーのようになろうとします。ところが、ウィリーは古いおもちゃとして捨てられることに。アレクサンダは、やっと見つけたむらさきの石に願います。

「ウィリーを　ぼくみたいな　ねずみに　かえてくれる？」

その願いは、かなえられたのでしょうか？

友だちを思うまごころをえがいた絵本です。

レオ・レオニ（作）
谷川俊太郎（訳）
好学社

『ほんとうのことをいってもいいの？』

うそはだめ。
本当もだめ？

パトリシア・C・マキサック（文）
ジゼル・ポター（絵）
福本由紀子（訳）
BL出版

うそをついてママにしかられたリビーは、これからは、本当のことしか言わないとちかいました。でも、リビーが「ほんとうのこと」を言うと、友だちやまわりの人が次つぎにおこりだし、リビーはこまってしまいます。

うそと、正直と、まわりの人への思いやり。あなただったらどうするでしょう？　ちょっと考えてみませんか？

『ねずみくんのきもち』

ねこに意地悪されてねずみくんはしょんぼり。でも、ふくろうに「思いやりがある」とほめられたねずみくんは、自分は小さな花や虫に、もっとやさしくしようと、前向きになります。

自分に自信をもてたら、やさしくなれる。いじめをなくすヒントになるかもしれません。

ちょっと自信の
ないきみに

なかえよしを（作）
上野紀子（絵）
ポプラ社

『ともだち』

いろんな友だち、
みんな友だち

谷川俊太郎（文）
和田誠（絵）
玉川大学出版部

友だちって、どんな人のことだろう？　友だちがいるって、どういうことだろう？　この絵本には、いろいろな友だちが出てきて、友だちがいることのすてきさがたくさん紹介されています。

「友だち」という存在を、あらためて考えるきっかけになる絵本です。

『みんなのためのルールブック あたりまえだけど、とても大切なこと』

このルール、守れているかな？

学校や社会で役に立つ50のルールを紹介した本です。たとえば、ルール23はこんな内容。

だれであれ、仲間はずれにしない。

だれかがあなたのとなりに座りたがったら、特に仲のいい友だちでなくても、座らせてあげること、など、具体的に解説しています。

いろんな人といっしょに生きていくために必要なのは、思いやりと協調性。そのルールがわかりやすくまとめてあります。ぜひ試してみて！

ロン・クラーク（著）
亀井よし子（訳）
北砂ヒツジ（絵）
草思社

『彼女のためにぼくができること』

へこたれないふたりの友情と冒険！

クリス・クラッチャー（著）
西田登（訳）
あかね書房

太った高校生・エリックは、顔にやけどのある親友・サラと、いじめられっ子の親友同士。

あるとき、エリックは、サラのやけどが父親の虐待によるものだと知ります。エリックを巻きこまないよう、ひとりで父親とたたかおうとするサラ。でも、エリックはサラのそばで励まし続けます。

「それでもきみの未来は明るい。信じろ、明るいんだ！」

つらいことがあっても、大切な友人がいれば乗りこえられる。すてきなメッセージがこめられた本。

『どんなきもち？』

気持ちって、
たくさんあるね

ミース・ファン・ハウト（作）
ほんまちひろ（訳）
西村書店

「わくわく」「しょんぼり」「やきもち」「もやもや」「どきん」など、気持ちをあらわすたくさんのことばと、その気持ちをあらわしたいろんな表情の魚の絵がかいてある、カラフルな絵本です。魚の顔を見て、どんな気持ちをあらわしているのか、あてる遊びをしても楽しいよ！

『イラスト版　子どものアンガーマネジメント　怒りをコントロールする43のスキル』

イライラ退治
大作戦！

だれでもイライラすることってあるよね？　これは、そんなイライラとじょうずにつきあう方法を提案している本です。たとえば、「魔法の呪文」。イライラしたときに、心の中で「たいしたことないさ」などと呪文をとなえるようにします。自分オリジナルの呪文でもＯＫ！　心が落ち着くようになるよ。そういう技がたくさんのっています。

一般社団法人日本アンガーマネジメント協会（監修）
篠真希・長縄史子（著）
合同出版

『コミュニケーションナビ　話す・聞く①～③』

話をするのがちょっと苦手っていう人いるかな？　これは話すコツがわかるシリーズです。自己紹介、ディスカッション（自由に意見を言い合う討論のこと）など、いろいろな場面での、話す姿勢や表情、どこを見たらいいかといったコツが、くわしくのっています。自分の気持ちをじょうずに伝えるためのヒントになるかも。

話すって、
かんたんそうで
むずかしい？

谷口忠大・青山由紀（監修）
鈴木出版

尾木ママのおすすめの7冊

ここでは、
尾木ママからのおすすめの本を、
7冊紹介しますよ。

『君たちはどう生きるか』

中学２年生のコペルくんは、日常生活や友だちとの関わりのさまざまな場面で、人間としてどう生きるべきか問われ、それに大学を出たてのおじさんがこたえます。この本は人間がいまだに解決できていない課題への問いを読む人に投げかけています。戦争、差別、格差……。若い人に、歴史に学び、大人から課題を引きつぎいっしょに考え解決していってほしいという筆者のメッセージが伝わります。今こそみんなに読んでほしい名著です。

吉野源三郎（著）
ポプラ社

『いじめのある世界に生きる君たちへ』

じっさいに〝いじめられっ子〟だったお医者さんがいじめの構造についてやさしくていねいに解説してくれます。この本を読めば、いじめがいかにひどい犯罪なのか、またいじめられる側にはなんの問題もなく、「いじめられるのは自分のせいだ」なんて自分をせめる必要はまったくないのだということがよくわかりますよ。もし「ちょっとむずかしいかな」と思ったら、親や先生など身近な大人にいっしょに読んでもらってくださいね。

中井久夫（著）
中央公論新社

『せいめいのれきし 改訂版』

地球上に生命がどう誕生し、どんな変化や進化・滅亡を遂げて、今の自分たちにつながるのか。劇場に見立てたストーリー展開は、迫力満点。自分も生命の歴史の中では「通過点」であり、いのちのリレーのバトンをわたされた「主役」なんだとワクワクしますよ。

バージニア・リー・バートン（文・絵）
いしい ももこ（翻訳）
まなべ まこと（監修）
岩波書店

『発達障害の僕が輝ける場所をみつけられた理由』

モデルとして活躍しバラエティ番組などでもおなじみの栗原類くん。８歳で発達障がいと診断された彼が、どうやって〝自分らしい生き方〟を見つけたのか。人とちがうところやコンプレックスとも、うまく向き合うことで自分はもっと輝ける。読むと勇気がわいてきます。

栗原類（著）
KADOKAWA

『19 歳の小学生 学校へ行けてよかった』

戦争により家族をうばわれ、自分の人生をうばわれたカンボジアの少女は今、日本でわたしたちとともにくらし、いのちをつないでいます。「いのちを傷つけられるということがどんなに恐ろしいことか」だけでなく、「希望を失わない人間の強さやいのちの輝き」も教えてくれる一冊。

久郷 ポンナレット・
久郷 真輝（著）
メディアイランド

『尾木ママ、どうして勉強しなきゃいけないの？』

〝なぜ学校に行かなきゃいけないの?〟〝なぜ人を好きになっちゃうの?〟〝なぜボクたちは生きているの?〟など、カンタンなようでちょっとムズカしい人生の「なぜ?」に尾木ママがやさしくていねいに向き合いました。ぜひみんなもいっしょに考えてみてください。

尾木直樹（著）
主婦と生活社

『尾木ママの女の子相談室』全５巻

自分のセイカクのこと、体のこと、友だちのこと……小学校高学年くらいになると、いろんななやみが出てきますね。「なんでわたしってこうなの?」と自分がいやになってしまったとき、手にとってみて。思春期の女の子のおなやみに尾木ママがやさしく寄りそいます。

尾木直樹（監修・文）
ポプラ社

いのちを考えるブックガイド・3

みとめあういのち

にじの色のようなグラデーションがある性、人種、障がい。
みんながおたがいのちがいをみとめあい、すてきな自分の色で輝けるための本を紹介します。

『いろいろな性、いろいろな生きかた』全３巻

渡辺大輔（監修）
ポプラ社

性別はいくつありますか？
「ふたつ」ってこたえる人が多いかな？
『尾木ママのいのちの授業③』にも出てきましたが、じつは、性のあり方には、たくさんの種類があります。これは、そんないろいろな性について、わかりやすく紹介するシリーズです。

１巻『いろいろな性ってなんだろう?』では、男性／女性だけではない、いろいろな性について、くわしく紹介されています。

心の性、体の性、好きになる性を組みあわせると、とってもたくさんの性があるんだよ。

じっさいに、そうしたいろいろな性の人たちに取材した話がのっています。自分の性についてどう思う？　その性によって経験したつらいことや、すてきなことは？　くわしくこたえてくれています。

2巻『だれもが楽しくすごせる学校』は、学校での性の問題についてです。

制服がいやだった

ランドセルの色、制服、健康診断。学校での性の扱われ方は、いろいろな性の人を苦しめることがあるのです。

どんな性の人でも安心して過ごせる学校って、どんなところだろう？　読みながら、考えてみてください。

目立つ同級生のおかげで、いじめられなかった

小学校でも、男の子としてすごしていた、みのりさん。ときどき「なよなよしている」といわれることもあったそうですが、そのことでいじめられることはありませんでした。

「たまたま同級生にトランスジェンダーの子が何人かいて、その子たちが目立っていたから、わたしになにかいってくる子は、いませんでした」

強さを手にいれたら、男らしくなれる!?

中学生になったみのりさんは、柔道部にはいりました。強さにあこがれたからだといいます。

「自分を、ほんとうは女の子だって思ってしまうのは、精神の問題で、柔道とか、剣道とかで強さを手にいれたら、男らしくなれるのかなと思って。でも、心のなかでは『精神とか、そんなことじゃないな』とわかっていました」

友だちの上履きの色を、そっと見守るクラスだった

みのりさんのクラスに、心の性は男で、体の性が女という友だちがいました。学校では、女子はピンク、男子は青の上履きをはいていましたが、その子は、堂どうと青の上履きをはいていたそうです。

「みんなも、なんとなくわかっていて、そっと見守っていました。いいクラスでしたが、わたし自身は、自分のことを、だれにもずっといえませんでした」

男どうしは、居心地がよかった

今は女性として暮らすみのりさん。でも、気質は男に近いといいます。女友だちとのつきあいも苦手だったため、高校は男子校へと進みました。

「男どうしは居心地がよくて、精神的に落ちつきました。修学旅行のお風呂も、いやだっていう人がいるけど、わたしは気にならなかった」

女の子の部分をかくしたまま、男子高校生として、楽しく学校生活をおくっていたといいます。

本文より

3巻『ありのままでいられる社会』は、いろいろな性の人の、結婚や就職がテーマです。

同性同士の結婚が法律ではみとめられていない日本で、いろいろな性の人たちが、パートナーとどんなふうに生きていこうとしているか、知ることができます。

国が認めないからこそ、
こんなステキな結婚式をあげたよって、
友人や知人に見てもらおう。

いろいろな性の人たちが
いっしょに
生きていくためには？

また、参考になる本がたくさんのっているので、調べ学習などにも役立ちます。

このシリーズで、いろいろな性についての知識や心がまえを身につけて、あなたも、友だちも、となりの人も、だれもがのびのびと生活できる社会をつくる方法を、みんなで考えましょう。

『ふたりのママから、きみたちへ』

東小雪・増原裕子（著）
イースト・プレス

タイトルの「ふたりのママ」は、女性同士のカップルのことです。この本の著者の東さんと増原さんは、女性同士のパートナーとしていっしょにくらし、将来は子どもをもって育てたいと考えています。

えっ、女の人ふたりで子どもをもつの？　それって変じゃない、と思うかな？　ふたりは、そんなことないのにな、と思っています。

「お父さん、お母さん、子どもがふたりくらいの家族」ばかりのように感じているかもしれないけれど、そうではない家族も意外とたくさんあるんだよ。

ふたりは、自分たちの子どもには、「当たり前」の枠から自由になることを教えたい、と考えています。

「ふたりのママ」が教えてくれる、さまざまな性や家族の形について、考えてみましょう。

『きみのともだち』

どんなきみでも、
だいじょうぶ
だから

竹内通雅（作・絵）
岩崎書店

ぼくは、サッカーよりままごとが好き。友だちのあいつには「男のくせに」とからかわれています。

ある日、ぼくは、お化粧をして、あこがれのアイドルのまねをしているところを、あいつに見られちゃった！　あわててあいつを追いかけて転んでしまったぼくに

ほらっ、ともだちだろー

と、手が差し出されます。その手は……。

「友だちにきらわれちゃうかも」って、不安になっちゃう子に読んでほしい本です。

『せかいのひとびと』

この本を手にとったら、どこでも好きなページを開いてください。同じものの絵がたくさんならんでいます。でも、よく見てみて。ひとつひとつの絵は、全部ちがって、同じものはないはずです。

この本は、世界のいろいろな地域に住む人たちの、それぞれの見た目やくらし方がちがうことを、絵をたくさん使って紹介した本です。

ほらね　わたしたち　みんながみんな　それぞれ
こんなに　ちがっているって　すてきでしょ？

こんなにたくさんの、それぞれちがう人の中の、たったひとりのあなたなんだって、実感できるはずです。

だれとも同じではない
すてきなきみへ

ピーター・スピアー（文・絵）
松川真弓（訳）
評論社

『手で食べる？』

正しいマナーってひとつかな？

森枝卓士（文・写真）
福音館書店

この本の最初のページには、床にすわりこんで、手づかみでカレーを食べている子どもたちの写真がのっています。お行儀が悪いと思うかな？　でもこれは、インドなどの地域で今も正しいとされている食事のマナーです。この本を読むと、食べものや食べ方は、国や地域によってぜんぜんちがうことがわかります。

ねばねばしたごはんと、さらさらのごはん。だから、食べかたもちがうんだ。

食べ方のちがいから、その人たちが、どんなものを食べているのか、どんな生活習慣があるのかなどがわかります。たんていになったつもりで、「ちがい」の理由を考えてみよう！

コミック

『まんがクラスメイトは外国人』

外国人の友だちのこと、ちゃんと知ってる？

あなたのクラスに、外国人のクラスメイトはいますか？　この本は、日本で生活する外国人の子どもたちの、生活の問題を考える本で、いろいろな子どもたちのなやみや、つらいことが、まんがでえがかれています。

たとえば、ブラジル出身のアンドレくんは、日本語を話すことはできるけれど、漢字の読み書きは苦手で、高校入学のための試験を受けるのはむずかしそう……。勉強ができないからではなくて、日本語が苦手なせいで進学ができないなんて、なんだか変ですよね。

アンドレくんたちのように、こまっている友だちがいないか、あなたのまわりをちょっと見回してみてください。

「外国につながる子どもたちの物語」編集委員会（編）
みなみななみ（まんが）
明石書店

COMIC

『席を立たなかったクローデット』

昔、アメリカには、黒人は白人にバスの座席をゆずらなければならないというルールがありました。今ではちょっと信じられませんね。

でも、そんなルールにしたがうことを拒んだ少女がいました。15歳のクローデットです。

「わたしにはすわる権利があるんです。黒人にも白人と同じ権利が憲法で保障されてるんです。」

クローデットの行動は、やがて、差別をなくすための大きな社会運動につながっていきました。

今のアメリカと、この本にえがかれた昔のアメリカとをくらべてみてください。クローデットの勇気の価値が、きっとわかるはずです。

自分の権利のために何ができるかな？

フィリップ・フース（作）
渋谷弘子（訳）
汐文社

『ぼくたちはなぜ、学校へ行くのか。』

どうして勉強するのか、考えたことある？

石井光太（著）
ポプラ社

マララ・ユスフザイさんを知っていますか？　女の子が教育を受けることができない地域で、女の子が教育を受ける権利を主張したために、銃で撃たれて大けがをしたパキスタンの少女です。

この本は、15歳のマララさんが国連で行った、教育についてのスピーチのことと、世界の子どもたちの教育について書かれています。

生きるために「まぼろしの物語」をつくりだし、それにしがみついて生きている子どもがいる。

あまり勉強は好きじゃないんだけど、というあなたも、学校に行って勉強することについて、ちょっと考えてみてください。

『転んでも、大丈夫』

障がいと生きる人のことを知ろう

臼井二美男（著）
ポプラ社

パラリンピックで、義手や義足をつけた選手が活躍するのを見た人、たくさんいるよね。この本を書いた臼井さんは、義手や義足をつくる仕事をしています。病気や事故で手足をなくした人たちも、きみたちと同じように「おしゃれをしたい」「スポーツを楽しみたい」と思っていて、臼井さんは、そういう一人ひとりの希望にこたえて、さまざまな義手や義足をつくっているのです。

障がいがあってもなくても、だれもがやりたいことをできる社会になってほしいと強く思っています。

そう話す臼井さんのお仕事のこと、ぜひくわしく知ってください。

『自閉症の僕が跳びはねる理由』

まるで不良品のロボットを運転しているようなものです。

この本の著者、東田直樹さんは、自閉症の自分の体が、思い通りにならないことを、こんなふうに説明しています。

直樹さんは、会話はできないけれど、書くことで自分の考えを伝えられます。この本では、直樹さんがいろいろな質問にこたえる形で、自閉症についてわかりやすく説明しています。

自閉症がよく理解できる本として、外国の人にもたくさん読まれているんですよ。

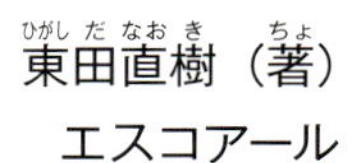
東田直樹（著）
エスコアール

自閉症の人は、こんなことを考えているよ

『ローラのすてきな耳』

耳がよく聞こえないローラ。友だちとのおしゃべりがうまくできなくて、ひとりぼっちになってしまったり、車に気づかずに道を渡ろうとして、運転手さんにおこられたりして、悲しくなることがあります。

聞こえないってどんな気持ちなのか、わかる本です。

聞こえないって、どんなこと？

エルフィ・ネイセ（作）
エリーネ・ファンリンデハウゼ（絵）
久保谷洋（訳）
朝日学生新聞社

『きいちゃん』

せいいっぱい
生きるって、いいな

山元加津子（文）
多田順（絵）
アリス館

きいちゃんは、病気で手足が自由に動かせません。でも、大好きなお姉さんの結婚のお祝いに、浴衣をぬいます。とても大変だけど、あきらめずにぬいあげました。そんなきいちゃんを、お姉さんは、「私のほこり」と言ってくれます。

みんな、自分らしくがんばればいい、と思える本です。

『Wonder』

オーガストはふつうの男の子。でも、顔だけはちょっとちがいます。障がいをもって生まれたオーガストの顔に、はじめて会う人はたいていびっくりしちゃう。そんなオーガストが、10歳になってはじめて学校に通いはじめて……。

オーガストが苦しいとき、まわりの人たちも苦しんでいることが書かれています。つらくて孤独な気持ちのときに、読んでみてください。

いろんな人の気持ち、
想像してみよう

R・J・パラシオ（作）
中井はるの（訳）
ほるぷ出版

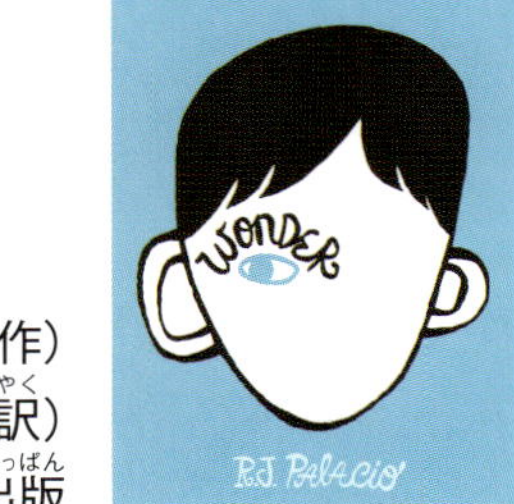

『ふしぎなともだち』

きっとステキな
友だちになれるよ

島の学校に転校してきたぼくは､「やっくん」に出会います。ほかの子とちょっとちがうやっくんにはじめはびっくりするけれど、いつのまにか、やっくんのいる学校が当たり前になり、ぼくとやっくんはいっしょに卒業し、そして大人になります。

どんな子とだって友だちになれるんだよって、教えてくれます。

たじまゆきひこ（作）
くもん出版

『ぼくって、ふしぎくん？』いっしょがいいな　障がいの絵本 6

あの子にも、
いいところが
たくさんあるはず

嶋田泰子（文）
岡本順（絵）
北村小夜（監修）
ポプラ社

ひろくんは、授業中にそわそわしたり、イスから飛びおりてぶつかってきたり、ちょっとこまった友だち。でも、工作は得意だし、わたしがおなかが痛いときに、いちばんに気づいて「だいじょうぶ？」って聞いてくれます。

ちょっとふしぎな友だちとどうつきあったらいいかな？　なやんだときに読んでみてください。

『窓ぎわのトットちゃん』

授業中にじっとしていられないトットちゃんは、小学校 1 年生で学校を退学になってしまいました。転校したトットちゃんは、新しい学校で、何時間も話を聞いてくれる先生や、足が不自由だけれどとても頭のいい友だちに出会います。

みんなのちがいが大切にされる、本当にあったすてきな学校のお話です。

いろんな友だちが
いたらいいよね

黒柳徹子（著）
講談社

『月になったナミばあちゃん』

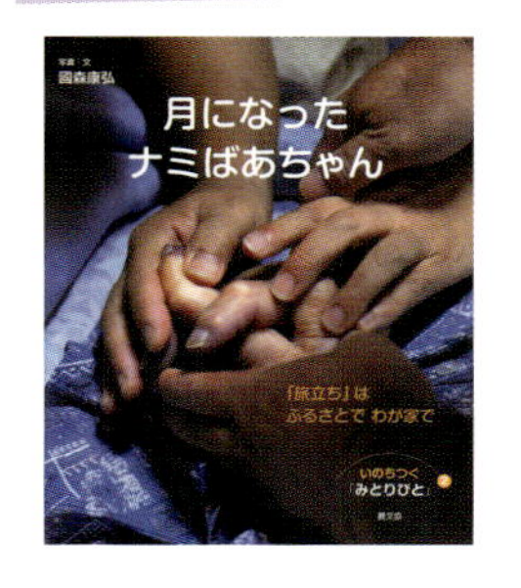

お年よりとのお別れのこと、考えてみよう

國森康弘（写真・文）
農山漁村文化協会

ナミばあちゃんは、もういのちが終わりかけています。病院ではなく、大好きな自分の家で死にたいというのが、ナミばあちゃんの願い。家族や村の人たちが協力して、その願いをかなえます。

お年よりをみんながどうやってささえていくか？　という大事な問題についての本です。

『おばあちゃんの大きな手』

アツシの家に、いなかのおばあちゃんがやってきました。アツシは、日に焼けて大きなおばあちゃんの手にびっくりして、おばあちゃんと手をつなげません。でも、そのおばあちゃんの手は、アツシにおいしいおにぎりをつくってくれます。

お年よりって、ちょっとこわい。そんなふうに思っている子に読んでほしい本です。

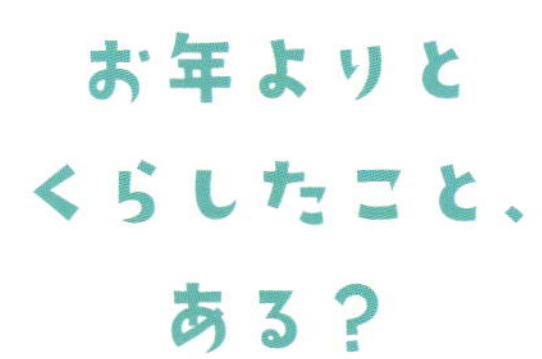

お年よりとくらしたこと、ある？

森山京（作）
福田岩緒（絵）
文溪堂

『でもすきだよ、おばあちゃん』

認知症ってなんだろう？

スー・ローソン（文）
柳田邦男（訳）
キャロライン・マガール（絵）
講談社

「認知症」って、聞いたことある？　脳がきちんと働かなくなって、当たり前にできていたことができなくなってしまう状態のことです。

この絵本は、認知症のおばあちゃんと、おばあちゃんを大好きな「ぼく」のお話です。認知症のことを知りたいなと思ったら、この本から読んでみてください。

いのちを考えるブックガイド・4

いのちってなんだろう

目に見えないし、手でさわれないけれど、「いのち」ってなんだろう？　「死」ってなんだろう？
むずかしいけれど、考えてみてください。
ここでは、みんなの考えを助けてくれる本を紹介します。

『いのちのおはなし』

日野原先生を知っていますか？　すごく長生きのお医者さんです。先生が生まれたのは1911年。なんと100年以上前！　先生は、100歳をこえても、患者さんの病気を治す現役のお医者さんなのです。

この本は、そんな日野原先生が、95歳のときに小学校で行った、「いのち」についての授業を、絵本にまとめたものです。

日野原重明（文）
村上康成（絵）
講談社

授業の最初に先生は、みんなに質問しました。

**「生きているとは、
どういうことだと思いますか？
そして、いのちはどこにあると思いますか？」**

こたえを探すために、友だちの心臓の音を聴診器で聞く実験。聴診器は、お医者さんが、患者さんの胸や背中にあてて、心臓の音を聞くための道具です。

心臓の音って、どんな音でしょう？　はじめて聴診器で心臓の音を聞いて、クラスのみんなはどんな気持ちになったのかな？

先生はお医者さんなので、心臓がみんなの体の中で、どんな働きをしているか、くわしく教えてくれます。

胸に手をあててみて。きみの体の中でも、心臓はずっと「どきんどきん」と動いているはずです。その心臓ときみのいのちには、どんな関係があるのでしょう？

**「心臓が止まったら、人間は死んでしまい、
つかえる時間もなくなるのです。
どのようにでもつかえる自分の時間を、
いまきみたちはもっている。時間をつかう
ことは、いのちをつかうことです。」**

たくさんのいのちを使ってきた先生から、これからたくさんのいのちを使うきみたちへの、心のこもったいのちの授業です。生きるってどんなことなのか、いのちって何かを、先生といっしょに考えてみましょう。

みんなも聴診器をつけて、友だちとむきあいます。
教室じゅうが、しーんとしずまりかえります。

「心臓、どこ？」
「きこえないよ。」
「じっとして。」
「しゃべっちゃだめ。」
聴診器をあてられたほうも、きこうとするほうも、
みんな耳をすませ、しんけんです。

本文より

『おじいちゃんのおじいちゃんのおじいちゃんのおじいちゃん』

おじいちゃんをたどって、
タイムスリップ！

長谷川義史（作）
BL出版

おじいちゃんのお父さんは、ひいおじいちゃんっていうよね。ひいおじいちゃんのお父さんは、ひいひいおじいちゃん。そのまたお父さんは……。いくつ「ひい」がつくんだろう！

「ひい」のつくおじいちゃんを、昔へ昔へとたどっていきます。すると、やがて、ちょんまげの人が出てきます。もっとたどると、ヒゲがもじゃもじゃの古代の人が出てきます。もっともっとたどると……。

ぼくの
おじ――――――――――ちゃんは
おさるさん……なの？

きみのいのちは、大昔から、たくさんのおじいちゃんたちによって大切に受けつがれて、長い長い時間をかけて、きみのところまでつながってきたってことが、わかる本です。

『海くん、おはよう』

　この本を書いた理乃さんは、『尾木ママのいのちの授業④』に出てきた西原海くんのお姉さん。体を動かせない海くんを、家族といっしょに支えています。

　いつ体調が悪くなるかわからない海くん。理乃さんたちにとって、海くんが明日も生きていることは、「当たり前」じゃありません。でもそれは、本当はだれにとっても同じだよね？　生きているということは、とても特別なこと。理乃さんは、そのことをみんなにわかってほしいと思っています。

けっして、自分の命を自分で
傷つけるようなことはしないでほしい。
人の命をうばわないでほしい。

　毎朝、大好きな海くんの元気な顔を見て理乃さんが感じる「生きていることはすばらしい」という気持ち、あなたもいっしょに感じてください。

西原理乃（著）
新日本出版社

「当たり前」ではない、
いのちのこと

『PhotoBook 赤ちゃんが生まれる』

写真で「いのち」を見てみよう

北村邦夫（監修）
WILL こども知育研究所（編著）
金の星社

いのちは、精子と卵子からはじまるって授業で習ったけれど、それからどうやって育っていくの？　ちょっとイメージがわかないなあっていう人にオススメの本です。この本では、顕微鏡などを使って撮影したたくさんの写真で、いのちが成長していくようすを見ることができます。

受精卵は卵管の中をゆっくり回転しながら、赤ちゃんの育つ子宮へと向かいます。この回転は「生命のダンス」と呼ばれています。

まるでお母さんの体の中にいて、いのちの成長を見ているみたい。どんどん変わっていくいのちの姿に、きっとびっくりするよ！

『みんなあかちゃんだった』

ちょっとしたしぐさも大きな成長

赤ちゃんのときのこと、覚えていないよね？　きみはどうやって大きくなったんだろう？　この絵本には、赤ちゃんが生まれてから、どんなふうに大きくなっていくか、たくさんのイラストでかかれています。たとえば、7～8か月くらいの赤ちゃん。

ひとくち　たべるごとに　ジタバタ　おどる
ハイハイの　れんしゅう
バンザイと　ハクシュが　できる
つかまりだつ

この本の赤ちゃんは、みんな、昔のきみ。たくさんの小さな「できた！」が重なって、今のきみになったってこと、わすれないでください。

鈴木まもる（作）
小峰書店

『心が元気になる学校 院内学級の子供たちが綴った命のメッセージ』

病気になっている人の気持ちって？

副島賢和（著）
プレジデント社

病院の中には院内学級といって、入院している子どもたちが通う学校があります。この本の著者の副島先生は、『尾木ママのいのちの授業④』でお話を聞いた院内学級の先生です。病気とたたかう子どもたちがなかなか口に出せないでいる、本当の気持ちを今までたくさん聞いてきました。

い――――――っつもめんどくさかったよ。

おなかの病気で、生まれたときから、管を通してごはんを食べている小学生の男の子。なれていても、やっぱり大変なことはあるみたい。

副島先生とのふれ合いで、子どもたちの心はどうやって元気になっているのでしょう？　読んでみてください。

『アニメ版　釜石の“奇跡”　いのちを守る授業』

この本は、2011年の東日本大震災のときに、自分や家族のいのちを守った、釜石市の子どもたちの行動を紹介した本です。

たとえば、4年生の拓馬くんは、地震の直後、「津波が来る！」と考えました。すぐに、避難訓練通り、弟の颯太くんを連れて家を出て、高台へ避難。まもなく、家は津波で流されてしまいましたが、拓馬くんも颯太くんも無事でした。

「これからもいっしょにいきていきたいから、いっしょににげました。」

きみだったら、地震が起きたら、まず何をする？　いのちを守るために大切なこと、しっかり考えてみて。

災害のとき、いのちを守るためには？

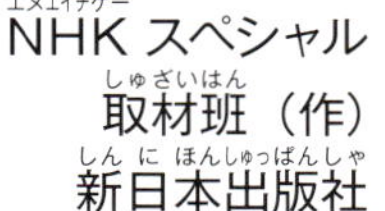

NHKスペシャル
取材班（作）
新日本出版社

『葉っぱのフレディ』

フレディは１枚の葉っぱ。木の枝に生まれて、仲間たちと楽しく過ごします。だけど、冬になると、仲間たちは次つぎに散っていきます。どうして、散ってしまうのに生まれてきたの？　散るのがこわいフレディに、仲間が言いました。

「いのちは永遠に生きる。」

それって、いったいどういうこと？　いのちの終わりってなんだろう？　フレディといっしょに考えてみてください。

いのちは終わらない

レオ・バスカーリア（作）
みらいなな（訳）
童話屋

『４こうねんのぼく』

ひぐちともこ（作・絵）
そうえん社

宇宙からいのちを見たら？

１光年って、どのくらいの距離か知ってる？　光が１年かかって届く距離なんだって。４光年はその４倍。だから、今、地球から４光年はなれた星にいたら、見えるのは４年前の地球！　それを知ったぼくは、すっごく速い宇宙船をつくって、４光年はなれた星に行こうと決めました。

４こうねんはなれたほしから、ちきゅうのな、にっぽんのな、ぼくのいえをみたらな、そしたらな、きっとおかあちゃんがみえるな。

４年前に死んでしまったお母さんも、広い宇宙から見たら、まだ生きているいのち。いのちのふしぎを感じてください。

『電池が切れるまで』

いのちは交換できないんだね

宮本雅史（作）
角川書店

5歳でガンにかかったゆきなちゃん。病気を治そうとがんばるゆきなちゃんには、いじめや自殺をする子がいることが残念でなりません。ゆきなちゃんは、いのちって電球を輝かせる電池みたい、と思います。その電池は交換できないけれど、電池が切れるまで、一生けんめい生きようと決めました。ゆきなちゃんの決意、きみにも届きますように。

『カラフル』

ぼくは、悪いことをして死んでしまった魂。真という男の子の体に宿って、人生にもう一度チャレンジすることになっちゃった。真として生きるぼくは、真のまわりの人たちの、つらい立場や、弱いところ、やさしさなどに気づきます。生きるって、かんたんじゃないけれど、すてきなこともたくさんある。そう気づいたぼくに、さあ、何が起こるのでしょう。

生きるというチャレンジの物語

森絵都（作）
講談社

『ハッピーバースデー』

すべての大切ないのちに

青木和雄（作）
加藤美紀（画）
金の星社

お母さんに「生まなければよかった」と言われたショックで、あすかは声が出なくなってしまいます。おじいちゃん、おばあちゃんの家にあずけられ、大切にされたあすかは、だんだん元気をとりもどし、いろいろな友だちに出会い、一人ひとりのいのちの大切さを知ります。あすかが、自分自身に「生まれてきてよかったね」と言えるようになるまでの物語です。

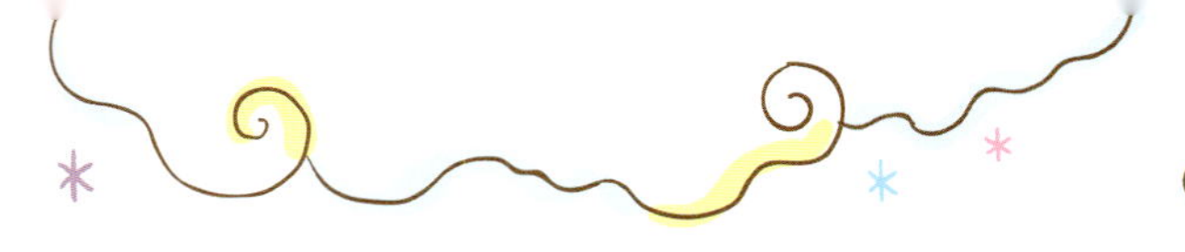

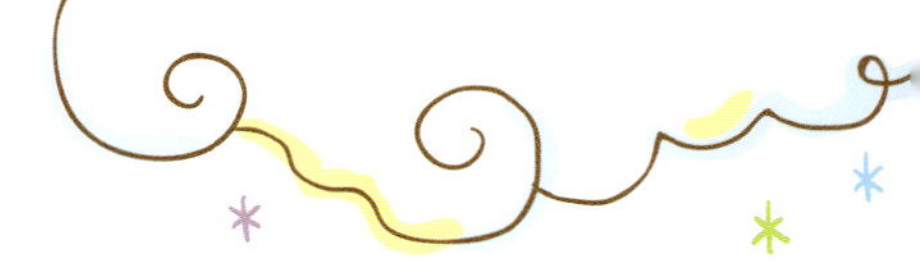

『「死」って、なに？』

大切な人とのお別れのこと

ローリー・ブラウン／
マーク・ブラウン（作・絵）
高峰あづさ（訳）
文溪堂

大切な人が死んじゃったら、どうしたらいいの？　不安に思う人、たくさんいるはずです。大切な人が亡くなったら、どうお別れするのか、残された人はどんな気持ちになるのか、その気持ちをどうしたらいいのか。死ってむずかしいかもしれないけれど、この絵本に登場するきょうりゅうファミリーといっしょに考えてみましょう。

『わすれられないおくりもの』

会えなくなっても、ずっといっしょ

やさしくてかしこいアナグマが死んでしまいました。アナグマの死を悲しむ仲間たち。でも、みんなは、アナグマにネクタイのむすび方や料理を教えてもらったことを思い出します。そして、アナグマが残してくれた知恵や思い出は、自分たちの中に生きていることに気づきます。死んでもなくならないものがあるって、わかる本です。

スーザン・バーレイ（作・絵）
小川仁央（訳）
評論社

『五月のはじめ、日曜日の朝』

いのちが消えたあとのこと

石井睦美（作）
渡辺リリコ（絵）
岩崎書店

飼い犬のバウが死んで、走るのをやめてしまったぼく。お父さんが心配して、新しいスニーカーをプレゼントしてくれます。元気を出して、また走り出さなくちゃ。わかっているけど……。

大好きなペット。死んでしまったら、それでおしまいなのかな？　なんにも残らないの？　動物が好きな人も、あんまり好きじゃない人も、いのちとのお別れのこと、考えてみてください。

『かないくん』

おじいちゃんがかいている絵本には、かないくんという男の子が出てきます。かないくんは、ある日、学校に来なくなって、病気で死んじゃったんだって。おじいちゃんは、かないくんのお話をどうやって終わらせたらいいか、迷っています。

年をとっても「死」ってよくわからないみたい。きみも時間をかけてじっくりと考えてみてください。

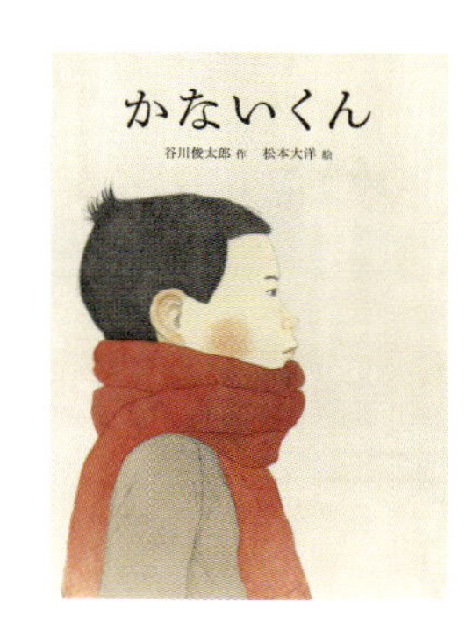

おじいちゃんになってもわからないこと

谷川俊太郎（作）
松本大洋（絵）
ほぼ日

『さよなら おじいちゃん……ぼくはそっといった』

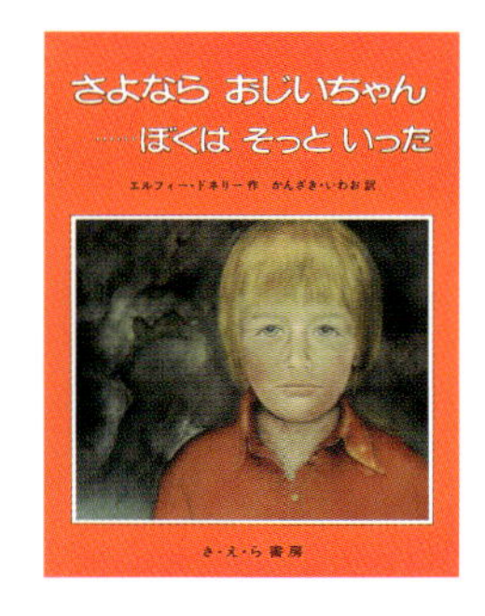

おじいちゃんとの最後の時間

エルフィー・ドネリー（作）
かんざきいわお（訳）
さ・え・ら書房

10歳のミヒャエルは、おじいちゃんが大好き。そのおじいちゃんがガンにかかっていることを知って、死ってなんだろう？　と考えるようになります。おじいちゃんも、そんなミヒャエルに、生きることや死ぬことについて伝えようとします。ミヒャエルは、おじいちゃんから何を教わったのかな？　おじいちゃんとどんなお別れをするのでしょう？　読んでみてください。

『夏の庭 —— The Friends ——』

死んだ人を見てみたいぼくは、友だちの山下、河辺といっしょに、もうすぐ死ぬといううわさのおじいさんを見張ることに。ところが、のぞいているのがばれて、庭掃除を手伝ったりと、おじいさんとの交流がはじまり、おじいさんへの気持ちが変わっていきます。ぼくにとっての、おじいさんの「死」は、どんなふうに変わっていくのかな？

「死」を知るということ

湯本香樹実（作）
徳間書店

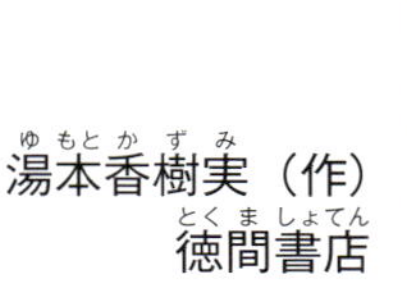

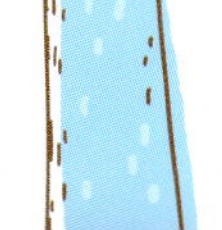

この本を読んでくれたあなたへ

尾木直樹

「いのちを考えるブックガイド」。いかがだったでしょう。

あまりにもたくさんの本がのっていて、きっとびっくりしたことでしょうね。そりゃそうです。なにしろ「いのちを考える本」ばかり、全部で70点以上も紹介されているのですから。

でもみなさん、あわてなくていいですよ。

なにも全部読む必要はありません。それぞれの本の紹介を見て、自分に向いていそうな書籍や絵本、まんがを選んでくれればいいのですよ。時間があれば、ここにのっているそれぞれの解説を読んでいくだけでも、視野が広がり、ハッとすることも多いと思います。

科学的な知識についてもわかりやすく、身近な例をあげながら説明してくれる本には好奇心がかきたてられますね。また、なによりも事実について書かれた本、体験記には胸をゆさぶるものがあるでしょう。きっとあなたの生きるシンを太くきたえてくれるのではないでしょうか。

いっぽうで、ファンタジックな物語や絵本を夢中で読むうちに、じんわりこころに響いてくるものもあると思います。

そうやって、読書を通じてわきあがってくるいろんな思いを、自分ひとりの中だけに閉じこめておくのは、じつにもったいない話です。お父さんやお母さん、あるいはクラスの友だちと意見をかわすと、もっともっと深く考えることができます。大いに語り合ってくださいね。

この本で紹介した本

この本で紹介した本を、五十音順にならべました。❶～❹の数字は、どの巻に関わっているのかをあらわしています。マは尾木ママのおすすめの本です。

あ行

あたまにつまった石ころが ❶ …… 12
『あなたへ』シリーズ ❶ …… 12
アニメ版 釜石の“奇跡” いのちを守る授業 ❹ …… 41
アレクサンダとぜんまいねずみ ともだちをみつけたねずみのはなし ❷ …… 20
いきのびる魔法 いじめられている君へ ❷ …… 19
いじめのある世界に 生きる君たちへ マ❶❷ …… 24
いじめのきもち ❷ …… 17
いのちのおはなし ❹ …… 36
イラスト版 子どものアンガーマネジメント 怒りをコントロールする 43 のスキル ❷ …… 23
いろいろな性、いろいろな生きかた 全3巻 ❸ …… 26
ええところ ❶ …… 8
尾木ママ、どうして勉強しなきゃいけないの？ マ❶❷❸❹ …… 25
尾木ママの女の子相談室 マ❶❷❸❹ …… 25
おじいちゃんのおじいちゃんのおじいちゃんのおじいちゃん ❹ …… 38
おばあちゃんの大きな手 ❸ …… 35

か行

海くん、おはよう ❹ …… 39
かないくん ❹ …… 45
彼女のためにぼくができること❷ …… 22
カラフル ❹ …… 43
考える練習をしよう❶ …… 6
きいちゃん ❸ …… 33
君たちはどう生きるか マ❶❷❸❹ …… 24
きみのともだち ❸ …… 29
きみの友だち ❶ …… 13
けんかのきもち ❷ …… 20
聲の形 ❷ …… 19
五月のはじめ、日曜日の朝 ❹ …… 44
心が元気になる学校 院内学級の子供たちが綴った命のメッセージ ❹ …… 41
コミュニケーションナビ 話す・聞く①～③ ❷ …… 23
転んでも、大丈夫 ❸ …… 32

さ行

さかなのなみだ ❷ …… 14
さよなら おじいちゃん……ぼくはそっといった ❹ …… 45
「死」って、なに？ ❹ …… 44
じぶんだけのいろ ❶ …… 10
自分を好きになる本 ❶ …… 4
自閉症の僕が跳びはねる理由 ❸ …… 32
19 歳の小学生 学校へ行けてよかった マ❹ …… 25
しらんぷり ❷ …… 18
せいめいのれきし 改訂版 マ❹ …… 24
せかいのひとびと ❸ …… 29
席を立たなかったクローデット ❸ …… 31

た行

月になったナミばあちゃん ❸ …… 35
TUGUMI ❶ …… 13
つばさものがたり ❶ …… 13
手で食べる？ ❸ …… 30
でもすきだよ、おばあちゃん ❸ …… 35
てん ❶ …… 11
電池が切れるまで ❹ …… 43
ともだち ❷ …… 21
どんなきもち？ ❷ …… 23

な・は行

夏の庭 ― The Friends ― ❹ …… 45
西の魔女が死んだ ❷ …… 19
ねずみくんのきもち ❷ …… 21
発達障害の僕が輝ける場所をみつけられた理由 マ❸ …… 25
葉っぱのフレディ ❹ …… 42
ハッピーバースデー ❹ …… 43
Photo Book 赤ちゃんが生まれる ❹ …… 40
ふしぎなともだち ❸ …… 34
ふたりのママから、きみたちへ ❸ …… 28
フレデリック ❶ …… 10
ぼくたちはなぜ、学校へ行くのか。 ❸ …… 31
ぼくって、ふしぎくん？ ❸ …… 34
ぼくを探しに ❶ …… 9
ほんとうのことをいってもいいの？ ❷ …… 21

ま・や・ら・わ行

窓ぎわのトットちゃん ❸ …… 34
まんが クラスメイトは外国人 ❸ …… 30
ミカ！ ❶ …… 12
みんなあかちゃんだった ❹ …… 40
みんなとちがっていいんだよ ❶ …… 7
みんなのためのルールブック あたりまえだけど、とても大切なこと ❷ …… 22
４こうねんのぼく ❹ …… 42
ローラのすてきな耳 ❸ …… 33
わすれられないおくりもの ❹ …… 44
私ってごみくず、かな？！ ❷ …… 16
わたしのいちばん あのこの１ばん ❶ …… 11
わたしのいもうと ❷ …… 18
Wonder ❸ …… 33

監修／**尾木直樹**（おぎ なおき）

1947 年、滋賀県生まれ。教育評論家、臨床教育研究所「虹」所長。早稲田大学卒業後、中学・高校などで教員として 22 年間ユニークで創造的な教育実践を展開。法政大学キャリアデザイン学部教授、教職課程センター長を経て定年退官後は特任教授。調査・研究、評論、講演、執筆活動にも取り組み、最近は「尾木ママ」の愛称で多数のメディア等で活躍中。

制作協力／**仲野繁**（なかの しげる）

1954 年、茨城県生まれ。東京都足立区立辰沼小学校校長（2017 年 3 月現在）。東京理科大学卒業後、中学・高校で数学科教員として 28 年間勤める。その後管理職となり、ここ数年間は、小学校の校長として、いじめ防止教育を展開。いじめ防止教育の普及に取り組む。

- 編集制作 ──── 株式会社アルバ
- 制作協力 ──── 臨床教育研究所「虹」
- 表紙イラスト ── 藤田ヒロコ
- 巻頭マンガ ─── 上大岡トメ
- イラスト ──── 森のくじら、サトゥー芳美
- デザイン ──── チャダル 108
- 執筆協力 ──── そらみつ企画
- 校正 ────── 田川多美恵

尾木ママのいのちの授業⑤

いのちを考えるブックガイド

発　行　2017 年 4 月　第 1 刷

監　修　尾木 直樹
発行者　長谷川 均
編　集　浦野 由美子

発行所　株式会社ポプラ社
〒 160-8565
東京都新宿区大京町 22-1
振　替　00140-3-149271
電　話　03-3357-2212（営業）
03-3357-2635（編集）
インターネットホームページ http://www.poplar.co.jp
印刷・製本　今井印刷株式会社
ISBN978-4-591-15360-4　N.D.C.028/47P/23cm
Printed in Japan

いのちについて、尾木ママといっしょに考えてみよう

監修　尾木直樹

尾木ママのいのちの授業

全5巻

① 自分のいのちを育てよう
N.D.C.113

② 友だちのいのちと自分のいのち
N.D.C.371

③ みとめあういのち
N.D.C.304

④ いのちってなんだろう
N.D.C.491

⑤ いのちを考えるブックガイド
N.D.C.028

小学校中学年～中学生向き
各63ページ（5巻のみ47ページ）

B4変型判　図書館用特別堅牢製本図書